21 CHAVES
para a Batalha Espiritual

NEW LIFE
PUBLISHING HOUSE

©2024 – 21 Chaves para Batalha Espiritual – um posicionamento para a vida
Texto original: Karine Blum
Todos os direitos reservados.
1ª Edição 2024 – 1ª impressão 2024
2ª Edição 2024 – 1ª impressão 2024

Revisão: Sonia Alves Ribeiro
Capa, Projeto Gráfico e Diagramação: AgnelloVieira.ART.br
Data do fechamento da edição: Out/24

Este livro está de acordo com as mudanças propostas pelo novo Acordo Ortográfico, que entrou em vigor a partir de janeiro de 2009.

Os textos bíblicos citados estão conforme as versões.

É proibida a reprodução total ou parcial do texto deste livro por quaisquer meios (mecânicos, eletrônicos, xerográficos, fotográficos etc.), a não ser em citações breves, com indicação da fonte bibliográfica.

New Life Publishing House LLC
Miami FL USA
305 742–4602
https://newlifepublishinghouse.life

ISBN: 978-1-961787-07-0

21 CHAVES
para a Batalha Espiritual
– um posicionamento para a vida –

KARINE BLUM

Miami, Flórida, EUA
2ª Edição . 2024

Para minha mãe que diante da maior das batalhas se revelou uma grande guerreira.

SUMÁRIO

{ 1 } . O mundo espiritual é real, porém invisível! 14
{ 2 } . Quem pode me socorrer? 18
{ 3 } . Levanta-te, filho(a)! 22
{ 4 } . Eu não quero ver demônios! 26
{ 5 } . Monstro de lama 32
{ 6 } . Looping: uma estratégia que aprisiona! 36
{ 7 } . A tristeza enfraquece 40
{ 8 } . Quando o Rei chega 44
{ 9 } . Campo de guerra *versus* lugar do trono 48
{ 10 } . Fortalezas na mente: esconderijo
perfeito para o inimigo 52
{ 11 } . Reclamar vicia 58
{ 12 } . Ação de graça é antidoto para a ansiedade! 62
{ 13 } . A ofensa abre portas para a confusão 66
{ 14 } . Na minha casa entram apenas as pessoas 70
{ 15 } . Quando o objetivo do inimigo é ferir 74
{ 16 } . Escondidos em Jesus 78
{ 17 } . Batalhando por você ou por outra pessoa 82
{ 18 } . E o que vestir? Comece pelo cinto 86
{ 19 } . Diante do inesperado, não se desespere! 90
{ 20 } . Mesmo que o milagre não aconteça
como imaginamos 94
{ 21 } . A opção de fugir não é sua 100

A AUTORA {

Karine Blum é casada e mãe de três filhos. Mora nos Estados Unidos desde 2021, formada em Teologia pela Faculdades Batista do Paraná – Fabapar. Pastora (OPBB - Ordem dos Pastores Batistas do Brasil), comissionada pela Igreja Batista Uberaba, Curitiba/PR. Alumni 1 e 2 ano presencial da BSSM - Bethel School of Supernatural Ministry, na cidade de Redding / Califórnia. Mentora voluntária em grupos de avivamento na *BSSM – Bethel School of Supernatural Ministry* on-line português. Fundadora da Escola Ministerial Clavem, onde atua na área de libertação e cura desde 2014, ministrando treinamentos, capacitações e workshops (oficinas) online e presencialmente.

A Escola Ministerial Clavem oferece cursos na modalidade online e presencial, nas áreas de libertação e cura da alma, batalha espiritual, aconselhamento, entre outros.

INTRODUÇÃO {

Em meio ao projeto de escrita deste livro, minha mãe descobriu uma doença incurável. Talvez este período tenha sido um dos mais desafiadores que já vivi até hoje. Cada uma das páginas deste material carrega chaves que tenho usado ao longo de mais de 10 anos de ministério e que foram tão úteis para mim enquanto cuidava da minha mãe, acompanhando a ida dela para o céu.

A ideia de escrever nasceu a partir de um curso chamado CBE1 – Curso em Batalha Espiritual módulo 1 – que ministro na Escola Ministerial que lidero atualmente.

O objetivo é trazer chaves, ideias e inspirações para você colocar em prática nas situações do seu dia a dia. Que este seja um livro de cabeceira para você utilizar sempre que precisar.

Desde 2014, tenho dedicado minha vida a estudar e multiplicar o que tenho aprendido e vivido com Jesus dentro de temas como batalha espiritual, libertação e cura da alma. Se você está tendo acesso a este material, quero convidá-lo para caminharmos pelas páginas deste livro, tomando posse de todas as 21 chaves. Espero de todo o meu coração que você receba estas chaves dos Céus. Creio que Deus vai honrar sua busca.

Em nossa Escola Ministerial, mais especificamente no Curso em Batalha Espiritual, temos visto grandes resultados de rompimentos, segundo relatos e testemunhos de nossos alunos. Este livro foi totalmente inspirado no material apresentado em nosso curso. Pelo que temos vivido, tenho certeza de que Deus vai fazer coisas lindas em sua vida, assim como tem feito na minha vida e na de cada um dos nossos alunos.

> *"Ora, àquele que é poderoso para fazer tudo muito mais abundantemente além daquilo que pedimos ou pensamos, segundo o poder que em nós opera."*
> *Efésios 3.20.*

{ CHAVE 1/21 }

O MUNDO ESPIRITUAL É REAL, PORÉM INVISÍVEL!

Certa vez, ouvi a história de um piloto de avião que viveu uma história real, a qual foi usada para ilustrar uma realidade espiritual. Quero começar com este relato e espero que ele o inspire em sua busca pelo agir de Deus.

Na história, o piloto estava dirigindo um avião de carga. Pousou em uma região isolada, descarregou as doações, abasteceu e logo preparou tudo para retornar para seu destino original. Já no ar, percebeu que havia um barulho dentro do painel do avião, algo que parecia um animal roedor que caminhava e parava. Em alguns momentos, quando parava de andar, parecia estar roendo algo. O piloto pensou imediatamente: este bicho está comendo a fiação do avião e pode causar um acidente! Lembrou que em determinadas altitudes os animais são mais sensíveis que os humanos. Mas qual seria essa altitude? Sem pensar muito, foi subindo de altitude e usou a própria respiração como referência. Quando percebeu que o barulho parou, estabilizou a aeronave e voltou à rota para chegar no destino. Ao pousar, desmontou o painel e lá estava um rato morto!

Mas como relacionar essa história com a batalha espiritual?

Você tem percebido alguns "ruídos" diferentes? Não falo aqui de sons na sua casa, o que também pode acontecer. Estou me referindo a perceber algo estranho que tem acontecido enquanto você está vivendo seu dia a dia. Então comece a prestar atenção!

Recorra aos céus em oração e suba como o piloto fez. Ele literalmente subiu para acabar com o problema. Pergunte em oração ao Senhor se existe algo que Ele quer revelar sobre a realidade espiritual em sua vida, casa, família, trabalho, ministério...

Seja o termômetro. Mesmo que você ache que não tem forças ou já está no limite, estabilize. Fique firme mais um pouco. E então, veja que o "rato" não consegue acompanhá-lo. Quanto mais perto de Deus você estiver, menos força o inimigo vai ter. O diabo não vai poder derrubá-lo se o seu foco for buscar ajuda do Alto!

Davi, enquanto estava passando por um tempo de grande aflição, orou conforme descrito no Salmo 121.1-2:

"Levanto os meus olhos para os montes e pergunto: De onde vem o meu socorro? O meu socorro vem do Senhor, que fez céus e a terra."

Quero convidá-lo(a) a fazer esta oração:

"Senhor Deus, diante desta situação (apresente aqui a situação específica), sob a perspectiva do Alto, me revela se eu estou em batalha."

Tire alguns minutos para ouvir Deus falar com você. Talvez você sonhe ou ainda tenha alguma memória ou discernimento. Não deixe de anotar o que o Senhor lhe revelar a partir de hoje.

{ ... }

_____

_____

_____

_____

{ CHAVE 2/21 }

QUEM PODE ME SOCORRER?

Nesta minha jornada desde 2014, tenho estudado e atuado na área de cursos sobre libertação, batalha espiritual e cura da alma. Tenho defendido a ideia de que todos os seres humanos, convertidos ou não, passam por batalhas espirituais.

Somos criados por Deus no modelo três em um: corpo, alma e espírito. Todos estamos sujeitos a ter um diagnóstico desfavorável ou uma crise conjugal, uma decepção com algum líder na igreja, alguns questionamentos com Deus ou até mesmo podemos passar por momentos em que a fé está abalada.

Você já viu ou passou por uma situação em que convidou alguém que não conhece o evangelho para uma reunião de estudo bíblico, célula ou para visitar a sua igreja e justamente no dia que esta pessoa aceita algo dá errado? Podemos entender isso como uma batalha que acontece para todos, inclusive com não convertidos, que são alvos do inimigo para impedir a salvação.

Nos momentos de fragilidade, o inimigo não perde a chance de nos atacar e mesmo conhecendo Jesus, muitas vezes parece que não vamos suportar.

Na verdade, sem Ele realmente fica impossível reagir. O dia mau (veja Efésios 6.13) sempre vem. Nessas horas, saber quem Deus é passa a ser fundamental. Se entendermos o tamanho do nosso Deus, os problemas e ataques começam a diminuir.

Quero convidá-lo(a) a tirar alguns minutos agora para declarar alguns dos atributos de Deus:

> *"Deus o Senhor é amor, bondade, força, imutável, grandioso, santo, incomparável, onipotente, onisciente, onipresente, criador de todas as coisas, eterno, fiel ..."*

Tire um tempinho para ler o texto de Isaías 6.1-3:

No ano em que o rei Uzias morreu, eu vi o Senhor assentado num trono alto e exaltado, e a aba de sua veste enchia o templo. Acima dele estavam serafins; cada um deles tinha seis asa: com duas cobriam o rosto, com duas cobria os pés e com duas voavam. E proclamavam uns aos outros: "Santo, santo, santo é o Senhor dos exércitos, a terra inteira está cheia da sua glória".

Já imaginou que cena, que diferença estar em uma batalha espiritual e se lembrar quem é o Senhor dos Exércitos! Pensando em tempos como este que você está vivendo agora, quero encorajá-lo(a) a iniciar suas orações diárias declarando quem é o seu Deus. Deixe o mundo espiritual ouvir quem é o Senhor.

{ ... }

{ CHAVE 3/21 }

LEVANTA-TE, FILHO(A)!

No capítulo anterior falamos sobre a grandeza de Deus. Saber quem Deus é nos ajuda a entender quem nós somos. O Senhor nos criou com uma identidade e um propósito. O texto em João 1.12, entre outros, apresenta de nossa verdadeira identidade em Cristo:

> *"Contudo, aos que o receberam, aos que creram em seu nome, deu-lhes o direito de se tornarem filhos de Deus".*

Uma das principais formas de o inimigo nos deixar em posição desfavorável em uma batalha é atacar nossa identidade. A Bíblia relata que o diabo era um querubim de luz que rejeitou a Deus, rejeitou a própria identidade, pois quis ser igual a Deus, e rejeitou o propósito para o qual ele havia sido criado. Se não sabemos quem Deus é, se rejeitamos as verdades Dele para nós e se rejeitamos quem de fato somos, estamos vivendo o padrão de Satanás e não dos Céus. Essa estratégia de guerra tem sido usada pelo inimigo em grande escala, principalmente contra nós, filhos e filhas de Deus Pai. E ele tem sido bem-sucedido.

Quero convidá-lo(a) para uma reflexão. Feche seus olhos e ore assim:

"Deus, diante de batalhas espirituais, como o Senhor me vê?"

Se possível, anote o que você recebeu do Pai como resposta. Lembrando que você pode orar mais de uma vez e refazer esta oração de tempos em tempos. Afinal, umas batalhas terminam e outras começam. À medida que as batalhas mudam, somos capacitados por Deus para enfrentarmos cada uma e todas elas.

Em uma das nossas classes do CBE – Curso de Batalha Espiritual – a ativação prática para a turma era fazer esta pergunta exatamente como você acabou de fazer e recebemos vários relatos dos alunos. Escrevendo este capítulo, o Senhor me lembrou de uma aluna em especial. Ao perguntar como Deus a via diante da batalha espiritual que estava enfrentando, ela se viu de armadura, como uma guerreira, mas sentada no sofá fazendo crochê! Na hora que abrimos para compartilhar, ela estava emocionada e decidiu diante da turma criar um grupo de oração com mães que quisessem orar pelos seus filhos. Nós a auxiliamos a montar o grupo por um aplicativo e ela passou a administrar este grupo que cada dia cresce mais e tem abençoado a muitas pessoas. Aleluia! A identidade e propósito foram realinhados e ela assumiu uma posição que tem gerado frutos.

Agora, após ler esta história, vamos fazer mais uma oração?

> *"Senhor, perdão por todas as vezes que acreditei nas mentiras do inimigo, rejeitando assim a Deus e a Sua Palavra. Perdão por eu ter rejeitado a minha identidade em Cristo e ter me distanciado do Teu propósito para minha vida. Hoje eu rejeito as mentiras do diabo e aceito somente as Tuas verdades para mim. Obrigado pela revelação de como o Senhor realmente me vê. Quero me posicionar hoje como seu(sua) filho(a) diante do mundo espiritual e assim avançar com Jesus. Amém!"*

{ ... }

{ CHAVE 4/21 }

EU
NÃO
QUERO
VER
DEMÔNIOS!

Na minha jornada de aconselhamentos, mentorias e treinamentos, tem sido comum ouvir pessoas me dizendo que sabem que é importante estudar sobre o assunto de batalha espiritual, mas que não querem ver demônios. E este realmente não é o ponto mais importante na busca pela liberdade.

Uma das estratégias que o inimigo usa é fazer com que as pessoas achem que ele não existe. Outra, é fazer as pessoas terem medo de demônios. A grande verdade é que a Bíblia mesmo relata que Satanás se rebelou contra Deus, foi expulso dos céus e levou com ele um terço dos anjos.

O apóstolo Paulo orientou os cristãos que moravam em Éfeso e, por meio dele, o Senhor continua falando conosco acerca da autoridade que temos quando cremos em Jesus e somos salvos pela Graça. Efésios 1.18-23 lemos:

"Oro também para que os olhos espirituais do coração de vocês sejam iluminados, a fim de que vocês conheçam a esperança para a qual Deus os chamou, as riquezas da gloriosa herança dele nos santos e a incomparável grandeza do seu poder para conosco, os que cremos, conforme a atuação da sua poderosa força. Esse poder ele exerceu em Cristo, ressuscitando-o dos mortos e fazendo-o assentar-se à sua direita, nas regiões celestiais, acima de todo governo e autoridade, poder e domínio, e de todo nome que se possa mencionar, não apenas nesta era, mas também na que há de vir. Deus colocou todas as coisas debaixo dos seus pés e o designou cabeça de todas as coisas para a igreja, que é o seu corpo, a plenitude que enche todas as coisas em toda e qualquer circunstância."

Sabe o que isso tudo significa? Que você não precisa ter medo dos demônios! Para isso, nossos olhos espirituais precisam ser abertos para discernirmos melhor o que está acontecendo no "mundo invisível" ou espiritual.

Quero aqui compartilhar um exemplo que uso em minhas aulas. Você já viu aquelas cenas de filmes em que soldados usam óculos de visão noturna para localizarem os inimigos? "Ver" ou saber quem é o inimigo não deve ser motivo para nos deixar com medo, mas sim temos que ter a consciência de que isso nos deixa em vantagem.

Outro ponto é que antes de nossa conversão poderíamos ser controlados pelo inimigo, mas agora estamos assentados com Cristo, conectados com Ele, temos autoridade sobre os demônios e nesta posição de autoridade vemos o mundo espiritual sob a perspectiva que Cristo vê. Exemplo: imagine você em um labirinto e de repente consegue uma transmissão em seu celular de imagens vindas de um drone que está sobrevoando o local. Basta seguir as orientações que estão vindo do alto. Fazendo um paralelo com um período de batalha espiritual em que você pode estar enfrentando, lembre-se de que podemos ser guiados pelo Espírito Santo e assim encontrarmos com Ele uma saída.

Vamos orar?

"Senhor Deus, abre meus olhos espirituais e me capacita a enxergar sob a perspectiva dos Céus. Que eu possa enxergar as situações e as pessoas como Jesus vê. Que o Teu Santo Espírito me guie pelo caminho certo e eu possa deixar este lugar onde parece não haver saída. Eu quero avançar contigo, Jesus. Amém!"

{ ... }

{ 1/21 – Eu não quero ver demônios! }

{ CHAVE 5/21 }

MONSTRO
DE
LAMA

Já contei um pouco sobre o quanto é importante em batalha espiritual "ver" ou discernir o inimigo. Isso porque muitas vezes estamos lutando contra o inimigo errado. Em grande parte das vezes, enxergamos nossos pais ou filhos, cônjuge, líderes ou liderados, chefes ou colegas de trabalho como nossos inimigos. Isso também é uma estratégia maligna do diabo para se esconder em meio a uma batalha. E esta estratégia não é nova. Paulo, na carta aos Efésios, capítulo 6, versículo 12, escreveu:

"Pois a nossa luta não é contra seres humanos, mas contra os poderes e autoridades, contra os dominadores deste mundo de trevas, contra as forças espirituais do mal, nas regiões celestiais" (Versão NVI).

Fazendo um processo de libertação com uma moça há alguns anos, ela me relatou que tinha muita dificuldade em perdoar o pai pelos abusos que ele cometia contra ela. Pedimos ao Espírito Santo que trouxesse luz para esta história e revelasse quem estava por trás desses tristes episódios. Ela, ainda de olhos fechados, ficou em pé e gritava com um "monstro de lama", como ela descreveu. Ela se via como quando ainda era criança e aquele monstro que entrava junto com seu pai no quarto e cometia os abusos. Ela gritava e fazia gestos com as mãos, como se estivesse limpando lama do seu corpo e jogando de volta para o demônio que estava ali. Diante da revelação que o Senhor trouxe naquela manhã, ela pode liberar perdão ao pai. Foi intenso e libertador!

Normalmente, quando caímos nesta cilada, ficamos ofendidos, tristes, magoados, irados com pessoas; é preciso perceber que nosso alvo mudou de foco, por isso o verdadeiro inimigo não é eliminado. Se diante de situações espirituais lutamos contra seres de carne ou sangue, acabamos pecando e então damos autorização ou autoridade para o inimigo tocar em áreas da nossa vida ou em nossos relacionamentos.

Vamos consertar isso? Então, ore assim:

"Senhor, eu Te peço, vem com a Tua luz e ilumina meus olhos espirituais e me mostra contra quem eu tenho lutado. Ajuda-me a discernir melhor o mundo espiritual e me dá as armas corretas para vencer esta batalha. Perdão, Deus, por destinar raiva, ódio, amargura, desprezo e tantos outros sentimentos ruins para as pessoas. Hoje quero liberar perdão para aqueles que me ofenderam ou machucaram. Quero, em nome de Jesus, me posicionar em autoridade contra o inimigo. Declaro que ele foi desmascarado e não pode mais usar pessoas para me ferir. Amém!"

{ ... }

_____

_____

_____

_____

{ CHAVE 6/21 }

LOOPING: UMA ESTRATÉGIA QUE APRISIONA!

No capítulo anterior, falamos sobre como o diabo usa nossos sentimentos para nos tirar do foco, principalmente em situações com pessoas próximas. Com isso, nos tornamos presas fáceis.

Uma das muitas coisas que tenho aprendido desde que comecei a estudar sobre libertação é que diante de questões espirituais, não importa muito como eu me sinto, mas sim como eu reajo. Gosto de trazer exemplos práticos de atendimentos que fiz para você perceber se tem algo semelhante em sua vida. Assim, você pode usar as dicas e chaves no seu dia a dia e mudar a rota, desviando do ataque. Sendo assim, quero relatar um atendimento que fiz em mapeamento espiritual.

Eu estava acompanhando uma moça que vivia numa batalha constante contra a rejeição. Já havia passado por vários processos de cura da alma, mas ainda ficava muito abatida em situações em que se sentia rejeitada. Ela relatou que estava tendo muitos problemas com a filha mais nova. Ficava irritada facilmente com o marido, com o filho mais velho, com situações cotidianas, falava coisas que não devia... Bingo!

A rejeição ainda alcançava aquela mulher porque ela estava dando legalidades ou autoridade para o inimigo ao emprestar a própria voz para a ira, raiva, ódio, críticas, entre outros sentimentos que orbitavam sua mente. Sem perceber, estava rejeitando seu marido e seus filhos e até mesmo a Palavra de Deus.

Na carta de Tiago, capítulo 3, texto que os encorajo a ler, somos orientados sobre o que devemos falar e sobre o quanto a nossa "língua" pode ser perigosa. Esse texto é um alerta poderoso sobre o poder das palavras. Muitas vezes podemos estar usando até mesmo nosso dom profético para amaldiçoar.

Diariamente, o inimigo usa situações mal resolvidas para continuar tocando nas nossas feridas. Eu creio muito intensamente em processos de cura da alma, mas aqui estou querendo alertá-lo sobre o mundo espiritual invisível, que tenta nos tirar da posição de inabalável e nos colocar em "loopings", levando-nos a nos manter girando em torno dos problemas e das dores. Assim, a solução parece ficar cada vez mais difícil.

Por isso, a posição de responsabilidade na reação é tão importante diante das batalhas.

No caso que estou contando por aqui, nós oramos, ela pediu perdão por estar emprestando a voz dela para a raiva e então fizemos uma oração que eu gostaria que você fizesse também. Seria assim:

> *"Senhor, me perdoe por emprestar minha voz para sentimentos que partem das investidas do inimigo. Quero abençoar as pessoas que estão ao meu redor e quero pedir que Teu Santo Espírito inspire as minhas palavras. Quero parar de girar em torno dos meus sentimentos e quero fixar os meus olhos em Jesus. Deixo hoje na Cruz todos os sentimentos de raiva, ódio, tristeza, amargura, ressentimentos, ofensa (você pode incluir sentimentos que Deus for trazendo à sua mente) e tomo para mim o amor, a alegria, a paz, a bondade, a paciência, a amabilidade, a fidelidade, a mansidão e o domínio próprio que são fruto do Teu Espírito Santo (ver Gálatas 5.22-23). Em nome de Jesus, Amém!*

{ ... }

{ CHAVE 7/21 }

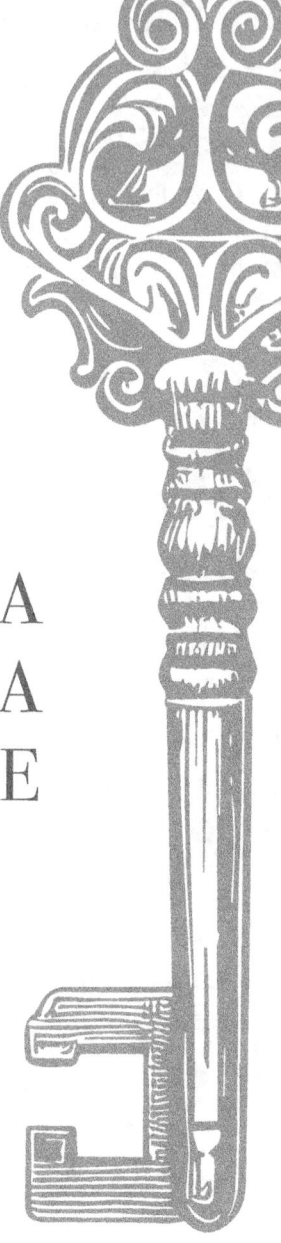

A
TRISTEZA
ENFRAQUECE

O texto de Neemias 8.10 diz:

> *"Disse-lhes mais: Ide, comei as gorduras e bebei as doçuras e enviai as porções aos que não tem nada para si: porque este dia é consagrado ao nosso Senhor: portanto não vos entristeçais; porque a alegria do Senhor é a vossa força".*

Esse texto foi lido pelo sacerdote Esdras diante do povo. Neemias era o governador que havia recebido de Deus uma missão de reedificar os muros de Jerusalém e reunir os judeus como uma nação. Ele recebeu muitas ameaças e ataques de inimigos que constantemente tentavam tirá-lo do foco para que falhasse. Neemias foi extremamente sábio e venceu esses ataques, assumindo o compromisso de focar na sua missão e não no medo ou nas mentiras que chegavam até ele. A força dele veio da alegria em cumprir o seu propósito.

Podemos usar esse exemplo para nos inspirar em momentos nos quais o inimigo tenta nos desviar do nosso propósito. Uma chave que quero compartilhar aqui e que aprendi na prática, é que o diabo tenta roubar nossa alegria para nos enfraquecer. Vamos pensar: ele não precisa da nossa alegria, ele nem mesmo pode ter alegria, pois é fruto do Espírito Santo (Gálatas 5.22), mas ele certamente quer nos enfraquecer para nos tirar de cena, nos fazer recuar, desistir, renunciar às promessas e propósitos de Deus para nós. Seu objetivo é nos fazer fracassar.

Tire um tempo para pensar em quantas vezes você estava em avanço e então pessoas ou situações o entristeceram ao ponto de paralisá-lo(a). Isso é estratégia de guerra! Quando estamos tristes, enfraquecemos. Claro que teremos momentos de dor e tristeza. Eu mesma estou em meio ao luto pela perda da minha mãe, mas o problema começa quando a tristeza nos tira do foco, nos coloca em um "looping" ou vira um lugar que aprisiona a alma. Nestas horas, gosto de me lembrar de um texto de Salmos 42.5 que diz:

> *"Por que está assim tão triste, ó minha alma? Por que está assim tão perturbada diante de mim?*
>
> *Ponha a sua esperança em Deus! Pois ainda o louvarei: Ele é o meu Salvador e o meu Deus."*

Podemos questionar nossos sentimentos para então discernir se é um ataque e reagir.

Vamos orar?

> *"Querido Deus, quero deixar hoje toda tristeza na Cruz, não quero mais dar espaço para ela na minha alma. Vem sobre mim, Senhor, e produz a alegria, que é fruto do Teu Espírito em minha vida. Hoje eu saio desse lugar de abatimento e entro na presença do meu Pai Eterno com louvores e gratidão. Não permito mais que o diabo use pessoas ou circunstâncias para roubar a minha força e reafirmo que não abro mão do propósito que Deus confiou a mim. Em nome de Jesus, Amém."*

{ ... }

{ CHAVE 8/21 }

QUANDO
O REI
CHEGA

Tenho usado aqui expressões como "inimigo", "armas", "estratégias", "alvo", palavras que ilustram o tema batalha espiritual. Mas quero reforçar que temos que valorizar muito mais a obra consumada por Jesus na Cruz do que a ação contínua e desesperada de um oponente que mesmo já derrotado insiste em nos atacar.

Ouvi em algumas pregações algo assim: "Quando se trata de batalha espiritual, o problema nunca será a presença do diabo, mas sim a ausência de Deus." Que verdade poderosa! Temos perdido tanto tempo expulsando demônios, ficando com medo de sons estranhos ou visões, lutando contra pesadelos, nos preocupando até demais em procurar e tirar objetos "amaldiçoados" de dentro de casa do que buscando atrair a Presença de Jesus para perto.

"Venha o teu Reino; seja feita a tua vontade, assim na terra como no céu"

Faz algum tempo que tenho usado uma oração, tendo como referência o texto de Mateus 6.10:

O próprio Senhor Jesus nos ensinou na oração do Pai Nosso a convidar o Reino dos Céus. E por que não posso fazer isso para atrair a presença de Deus e Seus anjos sobre o lugar onde estou? Já compartilhei essa chave com muitas pessoas e para a glória de Deus já ouvi muitos testemunhos.

Quero compartilhar com vocês um testemunho escrito por uma das alunas do nosso curso em Batalha Espiritual:

"A aula ontem foi poderosa mesmo e muito pontual. Antes de a aula começar, eu fui até a caixa de correio da minha casa e quando estava voltando, tive uma impressão seguida de uma visão com uma cobra ao meu lado tentando me picar. Eu elevei os meus pensamentos e chamei o Reino dos Céus para a minha casa e fui ligar o celular para assistir à aula. Enquanto assistia, estava com um sono incontrolável e toda hora tinha a impressão de que havia alguém me observando do lado de fora da minha casa. Logo depois da nossa atividade, na qual aprendemos a convidar o Senhor para estabelecer o Reino Dele em nossas casas, todo

medo, sono e apatia que tomavam o meu coração tinham sumido e eu tive a visão do Senhor me levantando de uma cama. Em seguida, vi uma chama de fogo vindo em direção ao meu coração".

Aleluia! Quando o Rei Jesus vem com o Reino dele sobre o ambiente, tudo muda! Vamos colocar isso em prática?

Oração:

> *"Senhor, quero convidar-Te para vir com Teu Reino sobre a minha casa, sobre o meu trabalho ou ministério, sobre as minhas amizades, sobre a minha vida, minha mente e sobre o meu coração. Que seja em cada um desses lugares, assim como é nos Céus. Vem com Teus anjos, Senhor. És bem-vindo aqui, Rei Jesus. Amém!"*

{ ... }

_____

_____

_____

_____

{ CHAVE 9/21 }

CAMPO DE GUERRA
versus
LUGAR DO TRONO

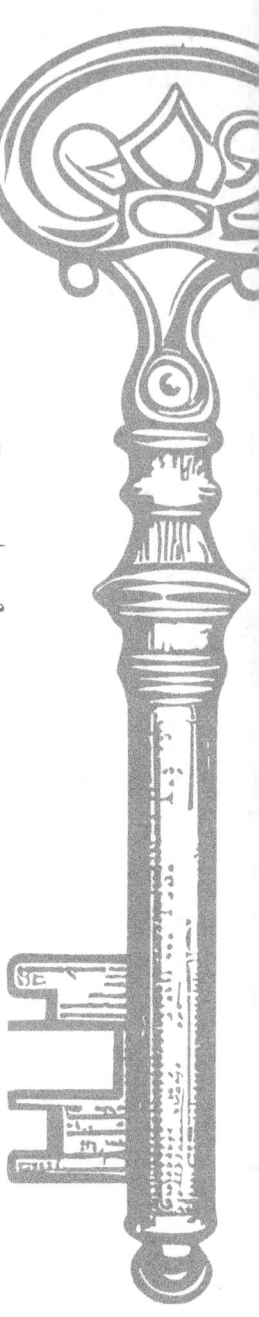

"Posso escolher se minha mente será um campo de batalha ou se será um lugar para Jesus reinar."

Deus me deu essa chave quando estava orando com uma moça. Ela tinha muitos pensamentos que geravam tristeza, inferioridade, ansiedade, rejeição, entre outras coisas. No tempo de oração que tivemos, pedimos que Deus mostrasse a ela qual era a realidade espiritual que ela estava vivendo e perguntamos ao Espírito Santo se havia algum ataque sobre ela. Naquele momento, ela, mesmo de olhos fechados, relatou o que estava vendo. Disse que via sua cabeça dela de cima e havia um muro que dividia sua mente em duas áreas. De um lado, via a si mesma sentada no chão, passiva. Do outro lado do muro, no entanto, havia uma espécie de exército com pequenos soldados, demônios prontos para atacar se ela se levantasse ou se o muro caísse. Foi assim que descreveu.

Perguntamos a Deus o que Ele queria nos mostrar com a visão e ouvimos: "a mente não é lugar de batalhas, mas sim um lugar para Jesus reinar. Estabeleça um trono para mim!". Contei-lhe o que eu havia escutado e então fizemos uma oração na qual ela declarou que sua mente não seria mais um campo de batalhas, que rejeitava todas as mentiras do inimigo e que estabelecia um trono para Jesus reinar. Foi lindo! Ela disse que enquanto orava viu a cena do trono vindo dos céus quebrando o muro. Os "soldados" fugiram e ela viu Jesus sentado no trono e ela no Seu colo. Emocionante!

Certamente a mente dessa jovem era um alvo constante do inimigo. Não tenho dúvidas. Esse tipo de ataque não é algo exclusivo que aconteceu apenas com aquela menina, mas é algo que escuto de forma recorrente, principalmente contra filhos e filhas de Deus. A Bíblia diz que o diabo é mentiroso e pai da mentira. Ele lança pensamentos, medos e dúvidas para acessarem nossa mente e dominarem os nossos pensamentos. Podemos, porém, escolher se vamos permitir que nossa mente seja um campo de guerra ou se vamos estabelecer um trono e convidar Jesus para governar sobre os nossos pensamentos. Este poder de escolha é real e está disponível para o colocarmos em prática.

Quero encorajá-lo(a) a orar:

"Eu declaro hoje que minha mente não é um campo de guerra. Rejeito todas as dúvidas e mentiras do inimigo que estão instaladas em minha mente e estabeleço um trono onde Jesus reina sobre meus pensamentos. Em Nome de Jesus. Amém!"

Procure descobrir se tem alguma mentira ainda em sua mente e substitua pelas verdades bíblicas. Use essa chave e busque constantemente avaliar seus pensamentos. Escolha o que pensar e quem vai controlar sua mente!

Quero terminar por aqui, deixando o texto de Filipenses 4.8 que diz:

"Finalmente, irmãos, tudo o que for verdadeiro, tudo o que for nobre, tudo o que for correto, tudo o que for puro, tudo o que for amável, tudo o que for de boa fama, se houver algo de excelente ou digno de louvor, pensem nessas coisas."

{ ... }

{ CHAVE 10/21 }

FORTALEZAS NA MENTE: ESCONDERIJO PERFEITO PARA O INIMIGO

Senti no meu coração que deveria falar mais um dia sobre batalhas na mente, mais especificamente sobre fortalezas espirituais e espero que o que vou escrever aqui seja útil para você.

Imagine uma fortaleza daquelas que vemos em filmes, muito bem construídas, com portões enormes e com trancas reforçadas, muros com torres para os soldados monitorarem os arredores e no interior dessas construções ainda existem túneis, lugares para esconderijos em caso de invasão inimiga. Provavelmente a base, as fundações e os materiais que foram utilizados são reforçados e a execução dessa construção deve ter levado muito tempo.

Visualizando uma fortaleza natural, entendemos que assim também acontece com fortalezas espirituais. Elas não aparecem de uma hora para outra em nossas mentes, mas levam tempo para serem construídas. Muitas dessas construções têm início na infância. Algumas já foram sendo instaladas em pessoas enquanto elas estavam em formação no ventre da mãe. E a base desse tipo de construção sempre será uma mentira!

Sabemos exatamente de onde vem as mentiras, mas o difícil é discernir se o pensamento que temos e a partir do qual temos agido, é ou não real, ainda mais quando estamos habituados àquele conceito desde a infância. Muitos cristãos não conseguem romper, pois a fortaleza que foi construída, tendo mentiras por base, abriga traumas, sentimentos e vergonhas. O inimigo tem livre acesso às feridas que estão guardadas a sete chaves nos calabouços da alma. Sim, feridas são escondidas e o inimigo sabe onde achar cada uma delas. Ele tem o mapa do local que ele mesmo ajudou a construir. Assim, nossos pensamentos ficam cativos e são manipulados com facilidade.

Por várias vezes ministrei sobre pessoas que tinham fortalezas tão sólidas na mente que eu não tinha a menor ideia por onde começar. Então, o Senhor me lembrou do texto de 2 Coríntios 10.3-5 que explica:

"Pois embora vivamos como homens, não lutamos segundo os padrões humanos. As armas com as quais lutamos não são humanas; ao contrário, são poderosas em Deus para destruir fortalezas. Destruímos argumentos e toda a pretensão que se levanta contra o conhecimento de Deus e levamos cativo todo pensamento, para torná-lo obediente a Cristo."

Que chave poderosa! Para destruir fortalezas na mente, usamos a Palavra que é a verdade e submetemos nossos pensamentos a Deus.

Minha sugestão prática: se você entende que tem mentiras em sua mente, confronte todos os seus pensamentos com a Bíblia. Se você tem tido pensamentos de morte, pesquise versículos sobre vida, se tem ocupado muito tempo pensando em dívidas, pesquise por palavras de provisão, por exemplo. E agora quero convidá-lo(a) a fazer esta oração:

> *"Querido Deus, sonda a minha mente. Vê se existe alguma mentira em que eu estou acreditando e ativa a Tua verdade sobre mim. Que ela comece a trepidar as paredes de todas as fortalezas espirituais construídas em minha mente as quais estão tentando me impedir de conhecer os Teus planos para mim. Em nome de Jesus. Amém!"*

{ ... }

{ 10/21 – Fortalezas na mente: esconderijo perfeito para o inimigo }

{ CHAVE 11/21 }

RECLAMAR VICIA

Já falamos sobre fortalezas na mente que são construídas tendo a base formada por mentiras. Hoje queria convidá-lo(a) a pensar em como vamos nos acostumando tanto com as mentiras até que, em determinado tempo, elas acabam se tornando "verdades" para nós. Ficamos acostumados com este padrão de pensamento e até mesmo podemos nos "viciar" em agir na força do hábito.

Uma das iscas que o inimigo lança sobre nós é a reclamação, consequentemente a crítica, o perfeccionismo e a necessidade de comparação nos levam a pecar, pois a Bíblia condena a prática da murmuração. Em 1 Coríntios 10.10, temos o seguinte alerta de Paulo:

"E não murmureis, como também alguns deles murmuraram e pereceram pelo destruidor."

E ainda, o apóstolo, escrevendo aos Filipenses, no capítulo 2, verso 14, orienta os irmãos da seguinte forma:

"Fazei todas as coisas sem murmurações nem contendas."

Mas na prática, enxergar os erros, atribuir culpas e reclamar é mais fácil do que assumir uma posição de fazer todas as coisas, das mais simples às mais complexas, sendo parte da solução, trazendo leveza e paz mesmo quando algo nos sentimos frustrados(as).

Em uma pregação que ouvi nos Estados Unidos há algum tempo, o pastor citou um estudo feito pela Universidade de Stanford (estado da Califórnia) sobre como a prática da reclamação vicia e como isso afeta inclusive a saúde do nosso cérebro. Você pode pesquisar mais sobre este estudo em vários canais de pesquisa. Eu fiz isso e achei muito interessante. Segundo o estudo, uma solução para aqueles que acabaram ficando viciados em reclamar seria a prática intencional da gratidão.

Agora, gostaria de convidá-lo(a) para uma autoanálise: procure se lembrar, e até fazer uma

uma contagem de situações que você reclamou hoje. Ou ainda, tente se lembrar de quantas vezes reclamou ontem. Talvez por estar calor ou frio demais, pela chuva ou pela falta dela, pela bagunça na casa ou pelo trânsito, ou talvez tenha sido pela falta de reconhecimento dos seus líderes em sua igreja. Enfim, essas são somente algumas sugestões. Talvez você fique surpreso em constatar o quanto somos acostumados ou literalmente viciados em reclamar!

Se você identificou que a murmuração ou a reclamação tem sido algo constante em sua vida, quero convidá-lo(a) a orar:

"Senhor Deus, reconheço que tem sido mais fácil reclamar do que agradecer e não quero mais seguir este padrão. Eu peço perdão por toda a murmuração, crítica e reclamação. Agora quero agradecer-te por... (siga a oração dando graças pelos motivos que o Espírito Santo colocar em seu coração). E quero romper em definitivo com a prática de reclamar, vivendo com alegria e tendo paz mesmo quando a frustração vier. Em Nome de Jesus. Amém!"

{ ... }

{ CHAVE 12/21 }

AÇÃO DE GRAÇA É ANTIDOTO PARA A ANSIEDADE!

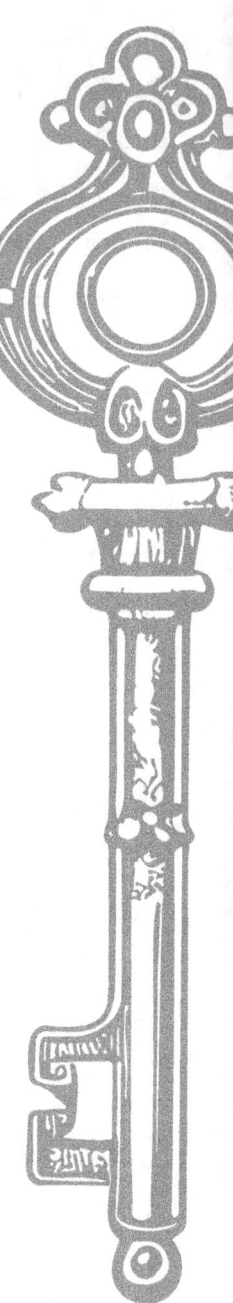

A ansiedade, ah a ansiedade... Como temos sido dragados por ela e não é de hoje.

O apóstolo Paulo, escrevendo aos Filipenses, entrega muitas chaves preciosas que podemos usar ainda hoje para vencermos a ansiedade. Ele escreveu em Filipenses 4.6-7:

> *"Não andeis ansiosos por coisa alguma, mas em tudo, pela oração e súplicas, e com ação de graças, apresentem seus pedidos a Deus. E a paz de Deus que excede todo o entendimento, guardará o coração e a mente de vocês em Cristo Jesus."*

Tenho feito questão de deixar uma das seis aulas do nosso curso sobre batalha espiritual para tratar exclusivamente de assuntos como a ansiedade e o pânico. O assunto é muito sério quando se refere aos ataques que o diabo tem destinado aos cristãos, visando dominar nossas mentes através do medo. Temos ficado ansiosos pelo medo da falta de recursos, pelo medo de perder o emprego, perder alguém da família ou de morrer, medo de adoecer e tantos outros "medos".

A chave principal aqui seria fazer um exercício prático diário, eu diria. Vou dar um exemplo desse exercício: pense em um motivo de preocupação que você tem tido, quem sabe medo de não conseguir cumprir seus compromissos financeiros este mês. Agora, pense em quantas situações iguais ou até piores você já viveu antes e viu Deus fazer milagres. Quantas vezes Ele cuidou de você? Isso anima a fé e renova a esperança, não é mesmo?

Você pode fazer este exercício com todos os motivos de preocupação que tem gerado ansiedade em sua vida e pode orar assim:

"Senhor, quero apresentar todos os medos e preocupações diante do Senhor. Não quero mais andar pela ansiedade. Deus, muito obrigado(a) por todas as vezes que o Senhor cuidou de mim. Quero render graças porque já passei por questões até piores que esta que enfrento hoje e o Senhor nunca me deixou só. Guarda a minha mente e o meu coração, Deus, e promove a Tua paz em minha alma. Em nome de Jesus. Amém!"

{ ... }

{ 12/21 – Ação de graça é antídoto para a ansiedade | }

{ CHAVE 13/21 }

A OFENSA ABRE PORTAS PARA A CONFUSÃO

Já ouvi vários pastores pregando e dando aulas sobre a ofensa. Também já tive a oportunidade de assistir uma aula com o pastor John Bevere, na qual ele ensinava como muitas vezes a ofensa funciona como isca de Satanás para fisgar os cristãos. Em batalha espiritual costumo dizer que a pessoa que se ofende com facilidade abre portas para espíritos malignos que geram confusão.

Quando uma pessoa é ofendida, normalmente, sua reação parte da mágoa, do ressentimento e nunca da posição de responsabilidade em resolver conflitos. Sendo assim, a tendência é uma reação que aumenta ainda mais a questão. O "ofendido", "melindroso", costuma oscilar em uma posição de vítima ou de juiz; como vítima se queixa e entra em fofoca, desabafando com terceiros, em vez de resolver a questão através do diálogo amoroso com quem ofendeu. Depois, facilmente migra para a posição de juiz, onde acusa, ofende, aponta os erros, critica e até sentencia o ofensor sem direito de defesa.

O problema é que muitas vezes julgamos pessoas sem a percepção de que também erramos e isso é pecado! Olha que sério o que diz em Romanos 2.1:

> *"Portanto você que julga os outros é indesculpável: pois está condenando você mesmo naquilo em que julga, visto que você, que julga pratica as mesmas coisas."*

Devemos ter muito cuidado em não ser sermos uma pessoa que se ofende por qualquer motivo. Muitos mal-entendidos acontecem por termos raízes de rejeição que não foram totalmente "arrancadas" da nossa alma. Já conheci pessoas extremamente sensíveis que viviam ofendidas e o resultado era que aonde essas pessoas chegavam alguma confusão acontecia. Você já percebeu algo assim?

Vamos orar:

> "Senhor, hoje quero sair da posição de vítima ou de juiz e quero assumir uma posição de ser aquele(a) que promove a paz. Em nome de Jesus, eu anulo toda a parceria que eu tenha feito com a ofensa. Fecho a porta da minha casa e dos meus relacionamentos para a confusão e me conecto com o Espírito Santo de Deus que me capacita a viver em paz com todos. Em nome de Jesus. Amém"

{ ... }

{ CHAVE 14/21 }

NA
MINHA
CASA
ENTRAM
APENAS AS
PESSOAS

Uma das perguntas mais comuns feita por alunos que participaram do CBE – Curso de Batalha Espiritual – de nossa Escola Ministerial é sobre como orar por proteção da casa e da família.

Já tive a oportunidade de morar na Amazônia, mais precisamente na cidade de Macapá. Foi um tempo de grande crescimento espiritual para mim. Vivi ali situações inéditas, como ver, sentir e até ouvir a presença do inimigo dentro da minha casa. Escuto muitas pessoas relatando sobre as crianças vendo vultos, com medo ou chorando sem motivos. Uma chave que utilizo nesses casos é uma oração que faço de tempos em tempos em minha casa e você pode orar assim também:

> *"Senhor, envia Teus anjos para cercarem o meu lar. Que nesta casa entrem somente as pessoas e nunca os demônios que as oprimem, perseguem ou acompanham. Deus, permita que cada pessoa que entrar em minha casa sinta a Tua presença. Em nome de Jesus. Amém!"*

Conversando uma vez com uma amiga, ela me testemunhou que usou essa estratégia e percebeu que algo mudou. Sempre que ela recebia em casa uma determinada visita, logo após a saída daquela pessoa, o lar ficava sob ataque. Brigas aconteciam sem motivos, a irritação dominava o ambiente. Após ela orar por algumas vezes, a situação foi melhorando até que mudou totalmente. Aleluia!

Talvez você também tenha tido alguma experiência como essa. Então quero encorajá-lo(a) a orar assim por sua casa. Seja persistente. Use a autoridade que você tem para estabelecer limites em sua casa. O inimigo não tem autoridade sobre seu lar. Na Bíblia, ele é comparado com um ladrão e ladrões não são convidados, eles entram. O Senhor já nos garantiu a autoridade e as "armas" eficientes para expulsar o invasor. Use-as!

{ ... }

{ 14/21 } – Na minha casa entram apenas as pessoas }

{ CHAVE 15/21 }

QUANDO O OBJETIVO DO INIMIGO É FERIR

Meu marido, Paulo, é militar e muitas vezes conversamos sobre batalhas espirituais usando termos que são familiares do exército. Um dia estava comentando com ele como é alarmante o número de pessoas feridas dentro da sua própria família ou dentro das igrejas, os quais deveriam ser lugares seguros. Então ele compartilhou comigo algo sobre estratégias de combate. Em alguns livros que ele estudou na Academia Militar, o inimigo tem por objetivo ferir um soldado e assim mobilizar pelo menos mais um ou dois para carregarem o ferido. Isto fez muito sentido para mim, pois tenho visto pessoas tendo que carregar parentes "feridos" literalmente nas costas. Mães que carregam filhos abandonados pelos pais, pais que oram por filhos que estão envolvidos com drogas ou ainda enfrentam crises de identidade, pastores e líderes que não conseguem investir tempo em novas vidas porque estão cuidando dos feridos! Através dessa estratégia maligna, o diabo tem cansado os que carregam e usado os de perto para ferir.

Se você foi ferido por alguém da sua família ou igreja, gostaria que você avaliasse se os seus pontos fracos ou até mesmo os pontos fortes não foram alvos do ataque do inimigo para neutralizar você e por causa do seu "ferimento" outros em sua volta estão sofrendo também. Qual o resultado que você está tendo em permanecer nesta posição de ferido? Atrasos, perdas, você esfriou na fé, trocou várias vezes de igreja...? Ou, talvez você seja aquele que está tentando arrastar tantos em sua volta que não tem mais forças para continuar.

Seja qual for a posição em que você se encontra hoje, gostaria de convidá-lo(a) a fazer esta oração:

"Senhor, visita a minha alma. Traz luz para todos os quartos escuros dela. Se existe alguma ferida que ainda precisa ser curada, promova esta cura em mim. Se o inimigo tem me ferido para parar o Teu agir na minha vida e dos que estão em minha volta, hoje eu quero sair deste lugar de dor e quero entrar em um lugar onde eu possa ser agente de cura. Deus, tenho tentado ajudar pessoas feridas à minha volta, mas está difícil demais! Eu apresento cada uma dessas pessoas diante do Senhor para que elas possam ser curadas, guardadas e carregadas por Ti. Que eu seja um soldado que participa de um exército que avança em busca daqueles que ainda não Te conhecem. Em nome de Jesus. Amém!"

{ ... }

{ CHAVE 16/21 }

ESCONDIDOS EM JESUS

Fui convidada por uma família querida para um almoço. Na ocasião, os pais me contaram que estavam vendo muitos problemas de comportamento no filho mais velho, uma criança de cinco anos. O pai estava questionando se não poderia ser um ataque espiritual e a mãe entendia que era algo relacionado ao emocional da criança.

Eu entendo que o diabo não poupa esforços para atacar as famílias dos cristãos e acredito que ele não perde a chance, inclusive, de atacar crianças para desestabilizar os pais. Nesse caso, sugeri ao casal que orássemos, pedindo ao Senhor para revelar se se tratava de um ataque espiritual. Eles aceitaram. Oramos e terminamos a visita com o desejo de ver o agir de Deus sobre aquela situação, pois a criança estava realmente muito alterada a ponto de os pais não saberem mais o que fazer.

No dia seguinte, a esposa me ligou e chamou para uma pizza à noite. Eu sabia que era mais do que isso. Deus tinha revelado algo para eles. Chegamos na casa, jantamos e após a mãe colocar os filhos na cama, os pais compartilharam que o menino havia comentado que havia uma bruxa que aparecia! Durante o dia, a mãe havia sentido arrepios e a sensação de uma presença na casa. Deus trouxe para luz. Aleluia!

Quero aqui abrir um comentário que entendo ser importante: se está aparecendo, significa que está sendo desmascarado! Não precisamos ter medo, mas acessar com sabedoria e discernimento o que o mundo espiritual comunica.

Enfim, voltando ao casal, pedi ao pai que fizesse uma oração que chamo de reposicionamento familiar, modelo que você pode usar este modelo em sua casa:

"Senhor, como pai desta família, me coloco à frente de minha esposa e filhos e convido a Ti, Jesus, para estar à frente da minha família. Se o inimigo for nos atacar, que ele veja somente a Ti e que estejamos escondidos no Senhor. Torna tudo e todos que são importantes para mim, invisíveis aos olhos do inimigo. E nos revela, Senhor, como cessar este ataque. Em nome de Jesus. Amém!"

Se você é mãe e está lendo este devocional, encoraje seu esposo a fazer esta oração. Mas se ele ainda não é convertido ou você é divorciada, solteira ou não tem filhos, esteja orando da mesma forma, escondendo sua família em Jesus.

Terminando a oração, o pai teve uma visão em sua mente de que havia dois cães ferozes ao lado dele na poltrona onde estava sentado. Os cães estavam presos em uma coleira e um anjo os segurava. Naquele momento, tive o entendimento de que deveria perguntar para aquele homem como havia sido a relação dele com o pai. Ele começou a chorar e disse que o pai era muito rígido e que, infelizmente, hoje ele estava reproduzindo o mesmo padrão com o filho. Foi uma revelação que fez toda a diferença!

Aquele pai estava tendo a oportunidade de romper um padrão e ainda receber algumas curas em sua alma. Oramos, ele pediu perdão a Deus pelas atitudes que estava tendo com o filho e depois liberou perdão ao pai pelas vezes que houve excesso de rigidez. Para a glória de Deus, o comportamento daquele menino mudou completamente. Meu desejo é que este relato desperte você para romper alguns padrões e que você consiga perdoar com o mesmo perdão que já recebeu de Jesus.

{ ... }

{ CHAVE 17/21 }

BATALHANDO POR VOCÊ OU POR OUTRA PESSOA

Talvez você esteja em meio a uma batalha espiritual neste momento de sua vida ou Deus tem convidado você a interceder por alguém que está. Quero animá-lo(a) a ser perseverante. Não desista! Se você tem tido entendimento e visto coisas que outros em sua volta não perceberam, não se sinta sobrecarregado, mas privilegiado, como alguém que está maduro espiritualmente.

Gosto de lembrar do texto de Tiago 1.3-5 que diz:

> *"Pois vocês sabem que a prova da sua fé produz perseverança. E a perseverança deve ter ação completa, a fim de que vocês sejam maduros e íntegros, sem que falte coisa alguma. Se algum de vocês tem falta de sabedoria, peça-a a Deus, que a todos dá livremente, de boa vontade; e lhe será concedida."*

Tenho aconselhado aqueles que estão em batalha ou intercedendo por alguém que também está sob ataque do inimigo a orar pedindo a Deus por sabedoria. Todos nós precisamos da ação contínua do Espírito Santo sobre nós, produzindo o dom de sabedoria até mesmo para sabermos como orar. Talvez você precise pedir a Deus que abra os olhos espirituais da pessoa pela qual você tem batalhado em oração ou ainda você não percebeu a grandiosa vantagem que temos quando contamos com os dons espirituais.

Quero motivá-lo(a) a ler 1 Coríntios 12, 13 e 14 e convidá-lo(a) a fazer esta oração:

"Senhor Deus, sei que a fé e a sabedoria são dons do Teu Santo Espírito. Eu Te peço que produza em mim a fé necessária para perseverar e a sabedoria para agir diante de batalhas que eu e pessoas à minha volta estamos enfrentando. Em nome de Jesus. Amém!"

{ ... }

{ CHAVE 18/21 }

E O QUE VESTIR? COMECE PELO CINTO

Quando o assunto é batalha espiritual um dos textos mais utilizados como referência é o de Efésios 6:13-17 que detalha a armadura de Deus:

> *"Por isso, vistam toda a armadura de Deus, para que possam resistir no dia mau e permanecer inabaláveis, depois de terem feito tudo. Assim, mantenham-se firmes, cingindo-se com o cinto da verdade, vestindo a couraça da justiça e tendo os pés calçados com a prontidão do evangelho da paz. Além disso, usem o escudo da fé, com o qual vocês poderão apagar todas as setas inflamadas do Maligno. Usem o capacete da salvação e a espada do Espírito, que é a palavra de Deus."*

Paulo, escrevendo aos Efésios, descreve uma armadura, pelo que tudo indica, aos moldes dos soldados romanos, pois ele estava preso em Roma enquanto escrevia essa carta. O livro de Efésios está repleto de boas orientações e encorajamentos aos fiéis em Jesus Cristo que moravam em Éfeso, mas que podem ser usadas por mim e por você para manter uma posição firme diante de batalhas.

Já ouvi várias pregações e aulas nas quais foi explicado que o cinto era a peça que sustentava todas as outras partes da armadura e fazendo um paralelo com a proteção espiritual, o cinto representa a verdade. Tenho usado isso como chave e quero o encorajar a usá-lo também. Para sustentar a nossa posição, precisamos avaliar constantemente nossos pensamentos, confrontando cada um deles com a Palavra de Deus. Experimente fazer uma lista do que tem ocupado sua mente – compare com a lista que você fez no capítulo dez – nesta fase e para cada pensamento procure versículos sobre as soluções para estes dilemas. Lembro-me de ter aconselhado muitas pessoas, mesmo já convertidas há anos, a fazerem esta lista e tenho vários testemunhos sobre isso. Mas em especial, quero compartilhar o caso de uma jovem senhora que pensava constantemente: "seria melhor que eu morresse", "se Deus me recolhesse eu teria paz e descanso". Ela achava normal viver desta forma. Já estava acostumada. Até que ela decidiu fazer a listinha e buscou na Bíblia versículos que falavam sobre vida e foi poderoso!!! Os pensamentos que antes eram constantes foram diminuindo até acabarem completamente. Glória a Deus!

Ainda sobre armadura, lembro-me da história de Davi, que diante do desafio de enfrentar o gigante Golias, tentou usar a armadura de Saul, mas não lhe serviu. Ele mesmo não quis usar algo a que não estava acostumado. Veja que interessante o que o texto de 1 Samuel 17.38-39 diz:

> *"Então Saul vestiu Davi com sua própria túnica. Colocou-lhe uma armadura e um capacete de bronze na cabeça. Davi prendeu sua espada sobre a túnica e tentou andar, pois não estava acostumado àquilo. E disse a Saul: 'Não consigo andar com isto, pois não estou acostumado'. Assim tirou tudo aquilo."*

Se sustentarmos nossas ações em mentiras, não venceremos gigantes. Não podemos nos acostumar com mentiras. Na verdade, devemos lançar cada uma delas fora e então nos proteger com a verdade. Vamos orar?

> *"Senhor Deus, me ajuda a identificar se ainda tenho andado por alguma mentira e releva para mim a verdade através da Tua Palavra. Em Nome de Jesus. Amém!"*

{ ... }

{ CHAVE 19/21 }

DIANTE DO INESPERADO, NÃO SE DESESPERE!

Em janeiro de 2022, estava fazendo o segundo ano da Escola Ministerial da Bethel Church, na Califórnia. Naquele tempo, demos entrada em meu processo de greencard para poder usufruir do direito de residência permanente nos Estados Unidos. Em meio ao sofrido tempo de espera e grandes atrasos dos prazos para a definição do meu processo, meu pai faleceu de forma inesperada em dezembro de 2022. Que batalha!

Meu pai era o meu melhor amigo, superpresente na minha vida. Nós nos falávamos todos os dias. Ele estava forte, bem de saúde, mas um infarto fulminante fez meu pai ir morar nos Céus.

Naquele momento, tive que tomar uma decisão muito importante: sair ou não do país em meio ao processo. Tentei pedir uma autorização de viagem ao departamento de imigração, mas levaria um período de 4 a 5 dias e eu não tinha este tempo para sepultar meu pai. Em meu coração, tinha a certeza de que deveria ir, mesmo sem ter a garantia de que eu poderia voltar. Muitas dúvidas vinham em minha mente. Deixei meu marido com minha filha de 18 anos e meu filho de 17 e embarquei somente com uma mochila nas costas e a dor imensa da perda do meu pai no coração.

Durante o funeral, pude honrar meu pai com algumas palavras e fiz um apelo pelo qual alguns aceitaram a Cristo como Senhor e Salvador. Logo após o enterro, Deus começou a me revelar situações delicadas envolvendo alguns golpes que eu e meus irmãos estávamos sofrendo em relação à herança deixada pelo nosso pai. Entendi que a minha vinda ao Brasil tinha alguns propósitos. Consultei o advogado que estava cuidando do meu processo de Greencard para saber como eu poderia começar a organizar meu retorno aos Estados Unidos, mas havia uma possibilidade de ter o meu processo encerrado por abandono. Que angústia! Quanto dinheiro e tempo investidos para ser perdido. E meu marido e meus filhos? Meu curso? Tudo perdido?

Enquanto eu esperava no Brasil, Deus me chamou para ativar minha agenda de cursos e treinamentos e eu fiz isso. Foi incrível! Que privilégio ter acesso a tantas vidas e conhecer pessoas que viraram amigos. Tive acesso a várias igrejas em Curitiba.

E então, após quase cinco meses tentando voltar, sonhei que estava no Rio de Janeiro. Logo que levantei, enviei um e-mail ao consulado que fica no Rio. Eles agendaram uma entrevista naquela mesma semana. Foi uma aventura a forma como eu cheguei lá. Mas o ponto é que passei na entrevista e eles me concederam a autorização para voltar aos Estados Unidos. Saí da entrevista, fui tomar um café no Starbucks com vista para o Pão de Açúcar e ali ouvi Deus me dizer claramente: "Diante do inesperado, não se desespere! Eu transformo obstáculos em combustível."

Que esse meu testemunho possa gerar ânimo em seu coração hoje.

Oração:

"Jesus, obrigado(a), porque o Senhor transforma obstáculos em combustível para nos levar mais longe. Que em meio às esperas eu possa estar sensível a Tua Voz e que diante dos momentos inesperados eu não me desespere, mas sim que eu possa ver milagres. Em nome de Jesus. Amém!"

{ ... }

{ CHAVE 20/21 }

MESMO QUE
O MILAGRE
NÃO
ACONTEÇA
COMO
IMAGINAMOS...

Estamos quase chegando ao final dos 21 dias deste livro e eu quero lhe dar os parabéns por você ter chegado até aqui. Espero que você tenha recebido chaves especiais do Pai que poderão ser usadas para sua vida e para serem multiplicadas a partir dos seus testemunhos que virão.

Nesta última chave, quero ser vulnerável e falar de algo recente que está acontecendo em minha vida. Hoje é dia 16 de fevereiro de 2024 e faz dez dias que minha mãe faleceu.

Em dezembro de 2023, sim, exatamente um ano após meu pai falecer, minha mãe foi diagnosticada com um câncer muito agressivo, com várias metástases em fase terminal. Meus pais já eram divorciados há muitos anos, mas eu acredito que a morte do meu pai foi um golpe duro demais para minha mãe.

Novamente, eu estava nos Estados Unidos sem a definição do meu processo de greencard. Então fui ao Departamento de Imigração pedir uma autorização de viagem para ir ao Brasil cuidar da minha mãe. Então Deus fez o primeiro milagre. No dia 20 de dezembro de 2023, dia do meu aniversário, recebi na hora da entrevista, para autorização de viagem a aprovação do meu Greencard.

Naquele mesmo dia, uma amiga mobilizou pessoas que já estavam orando por minha mãe, por mim e por esta autorização. Eu ganhei as passagens para ir ao Brasil! Abraçamos nossos três filhos e genro e embarcamos eu e meu marido no dia de Natal. Novamente, sem data marcada para voltar.

Em meu coração, eu tinha duas opções: ou estava indo ao Brasil ver o milagre da cura ou estava indo acompanhar minha mãe até ela ser conduzida aos Céus. Foram 56 dias em que o câncer avançava em uma velocidade assustadora, mas ninguém sabia explicar o fato de que minha mãe dizia apenas ter uma dorzinha que envolvia o ventre dela e para esta dorzinha apenas tomava dipirona, um simples analgésico. Já era um milagre, pois orávamos todos os dias juntas, para que as dores fossem embora. Obviamente ela estava muito abatida e emocionalmente abalada, mas foi surpreendida por familiares que começaram a ligar e aos poucos parentes de várias partes do Brasil e até dos Estados Unidos vieram ter um tempo com minha mãe. Pessoas que ela não via há anos, mas que sempre foram importantes na sua vida.

Mais milagres...

Durante esse período, estávamos em minha chácara e Deus nos deu a oportunidade até de, em um almoço da família, ouvir minha mãe ler a carta de agradecimento que ela havia escrito, citando Romanos 8.28:

"Sabemos que Deus age em todas as coisas para o bem daqueles que o amam, dos que foram chamados de acordo com o seu propósito".

Após as visitas irem embora, tivemos que interná-la para fazer uma drenagem nos pulmões, algo que ela já havia feito algumas semanas antes. Ela estava tranquila. Dormiu a noite toda e no dia seguinte de manhã pediu que eu a levasse ao banheiro. No retorno, ela não se sentiu bem. No mesmo instante, sentei-a na cama, coloquei o oxigênio e fui chamar a enfermeira. Estava chegando um médico desconhecido para passar a visita justamente no quarto da minha mãe.

Ele viu que se tratava de uma emergência e mandou buscar uma maca para transferi-la para a UTI. Nisso o nível do oxigênio dela normalizou. Ela estava sentada na cama com a cabeça encostada no meu peito, segurando minha mão. Ela respondia às perguntas do médico mesmo com a máscara de oxigênio e estava com a aparência tranquila, até que senti a mão dela se soltar da minha e não respondeu mais. Comecei a chamá-la e então o médico pegou a lanterna do celular e verificou os olhos dela que já estavam visivelmente sem vida.

Nesse momento, o médico disse para as enfermeiras que o estavam ajudando no quarto: "meninas, este é um momento sublime, pois dona Mara está sendo recebida por Jesus nos Céus!". Eu não estava entendendo nada. Era como se estivesse em choque. Ele perguntou se eu era cristã e disse que sentiu ser importante ler uma passagem bíblica que falava das consolações do Espírito

Santo. Assim que ele terminou de ler, eu entendi que minha mãe havia partido.

Ela havia enfrentado esta batalha de forma corajosa e venceu a morte para sempre. Não acho coincidência um médico que nunca nos viu antes estar ali exatamente na hora em que mais iríamos precisar de apoio. Com esse relato, quero lhe dizer que tudo que vivemos nestes dias de luta pela vida, em todos eles, vimos a bondosa mão de Deus segurando a nossa mão.

Oração:

"Obrigado(a), Deus, porque o Senhor é nosso Bom Pastor e mesmo quando atravessamos vales difíceis como o da sombra da morte, nós não precisamos ter medo, pois a Tua mão nos sustenta e nos guarda. Amém!"

{ ... }

{ CHAVE 21/21 }

A OPÇÃO DE FUGIR NÃO É SUA!

"Portanto submetam-se a Deus, resistam ao diabo e ele fugirá de vocês." (Tiago 4.7)

Este é um versículo que tem sido um farol para mim em tempos de batalhas e através do qual Deus fala muito comigo.

Como abordado lá no início do nosso material, quero reforçar a ideia de nos achegarmos a Deus, principalmente em tempos de guerra. Compartilhei aqui histórias reais, pessoais e de pessoas às quais pude ministrar e entre tantas outras coisas que eu tenho para contar. Escolhi terminar o tempo de compartilhar estas 21 chaves trazendo uma mensagem que o(a) encoraje a colocar em prática cada uma das chaves compartilhadas.

Desde 2001, com apenas quatro anos de casada, meu marido, em pleno vigor dos seus 32 anos, foi diagnosticado com mal de Parkinson. Neste ano de 2024, completamos 23 anos nos quais temos vivido milagres reais da cura desta doença. Paulo chegou a ficar totalmente dependente em uma cama, tempo em que eu tinha que lhe dar banho e ajudá-lo a trocar de roupa. Não conseguia andar sozinho sem apoio devido aos tremores e discinesias (movimentos involuntários causados como reação ao medicamento). Havia chegado inclusive a ter uma suspeita de diagnóstico de demência.

Quantas batalhas nestes últimos anos! Mas muitas pessoas sempre nos sustentaram em oração. Desde o diagnóstico, temos vivido experiências sobrenaturais com Jesus. Literalmente decidimos nos submeter ao total controle do Espírito Santo e então as estratégias, a força e a coragem em resistir à doença e ao inimigo que ataca nestes períodos de fragilidade começaram a fluir. Assim, o Parkinson começou a regredir! Hoje Paulo anda, dirige, faz tudo sozinho. Como explicar que antes ele estava tomando 14 comprimidos e hoje apenas 1? A neurologista que o atende apresenta o caso de Paulo como exemplo nas aulas que ministra nos Estados Unidos e na Alemanha.

E em meio à submissão a Deus, nossa fé tem sido aumentada. Paulo foi recebendo curas na alma, curas de traumas do passado e tem vivido lindos processos com o Pai. Mesmo doente, já orou por pessoas e pode ouvir testemunhos de cura após ele ter orado. Nossos filhos hoje vivem conectados com Cristo, nada tem nos faltado e em meio aos processos nasceu o CLAVEM, nossa Escola Ministerial.

Se você comprou este livro, eu entendo que foi porque está em busca de respostas em meio a batalhas. Sendo assim, quero animar a sua fé, declarando sobre a sua vida um renovo das suas forças. Que sua casa e família sejam alcançadas pelo favor de Jesus. Que todos os ataques que você sofreu até hoje sejam transformados pelo Senhor em testemunhos que reafirmarão a autoridade espiritual que Jesus já conquistou na Cruz para você.

Nunca se esqueça de que com Jesus podemos avançar, porque a opção de fugir não é sua. Deus o(a) abençoe!

{ ... }

clavem.com.br

instagram.com/clavem.br

www.ingramcontent.com/pod-product-compliance
Lightning Source LLC
LaVergne TN
LVHW020423080526
838202LV00055B/5016